강마을 이야기

석정삼 시집

시인의 말

잔잔하게 흐르는
강변 포도나무에
포도가 익어간다
산비탈 비스듬히
태양빛 받아들이며
알알이 호흡하는 포도알

등 두들겨 주는 강바람에
마음 흠뻑 젖어
붉어지는 살갗

강변에는 포도알이 익어가게 하고
길손들은
포도향에 취하네

강마을 이야기는
강길 일천이백 리 길을
쉬엄쉬엄 흘러
전설을 만들어 가고 있다

잔잔하게 흐르는 물길처럼
시간은 느리게 흘러가고
삶은 강물처럼 흐른다

강마을 풍경 속에서 잠시 쉬어가며
강바람을 느끼고, 물소리에 귀 기울이면
평화로운 마음이 된다

자연과의 교감, 강가에 줄 맞춰 선 포도나무,
풀꽃 하나에 깃든 생명의 신비와
물소리 내며 흐르는 강물의 운율에
이 시어를 띄워본다

삶의 길 위에서 만난 설렘과 기도들이 또한
이 강물을 타고 바다에 닿을 수 있길 소망해 보며
이 시집이 읽은 분들의 마음에
작은 울림이 되길 바란다

―석양이 물드는 서재 창가에서
석정삼

차례

2 시인의 말

1부 강마을 이야기

10 강마을 이야기
12 그리움
13 하고픈 이야기
14 가슴에 잔 하나
15 운무
16 너도밤나무 거리
19 알프스 고사우의 아침
20 리닥스하우젠 1
21 리닥스하우젠 2
22 몬세라트 수도원
24 아, 통일
26 드레스덴
28 맨도롱 또똣
30 10월의 어느 날
31 돌멩이들의 합창
32 노르케이산
34 순천
35 세월
36 바다는 알고 있다

38 사랑

39 해맞이

2부 접시꽃

42 접시꽃

43 능소화

44 장미

45 칠월

46 벚꽃 피다

47 사랑초

48 튤립꽃

50 미루나무

52 달맞이꽃

53 들국화

54 진달래

55 자작나무

56 구름과 산

57 새들의 노래

58 풀꽃

59 산

60 봄날

61 벚꽃이 지고 있다

62 꽃잎
63 봄
64 찔레꽃
65 뻐꾹새 소리
66 봄님 오는 소리
67 소나비
68 파도

3부 그리하실지라도

70 그리하실지라도
71 아침
72 맥주감사절에
74 별빛
76 부활절
78 기도
80 가슴 뛰는 삶
82 바벨탑
84 여행자의 기도
87 전도서
88 가브리엘 천사
90 4월의 노래
92 일어나 갑시다
94 성전 꽃꽂이
95 저녁 단상

4부 편지

- 98 편지
- 99 침묵
- 100 서로에게 꽃 되어
- 102 저녁
- 103 밥 한번 먹음세
- 104 코로나 격리
- 106 휴식
- 107 한 박자 느림표
- 108 그림자
- 109 비 내리는 날
- 110 어머니
- 112 한 걸음씩 기쁨 안고
- 115 영원에의 길
- 116 오늘도
- 117 밤
- 118 들숨 날숨
- 120 느리게 가자
- 122 소풍 가는 날
- 124 그렇게
- 126 우리
- 127 산다는 것은

1부

강마을 이야기

강마을 이야기는
강길 일천이백 리 길을
쉬엄쉬엄 흘러
전설을 만들어 가고 있다

강마을 이야기

강변 포도나무에
포도가 익어간다
산비탈 비스듬히
태양빛 받아들이며
알알이 호흡하는 포도알

등 두들겨 주는 강바람에
마음 흠뻑 젖어
붉어지는 살갗

강변에는
포도 알알이 익어가게 하고
길손들은
포도향에 취하네

이쁜 집들 옹기종기
교회 종탑에 십자가가
햇살에
눈부시고

강마을 이야기는
강길 일천이백 리 길을
쉬엄쉬엄 흘러
전설을 만들어 가고 있다

*독일 모젤(Mosel)강 가에서

그리움

파르르 떠는 꽃잎 하나
그리움 담아서
온몸 흔든다

혼이 둥둥 떠서
하늘 항해를 한다

그리움 담아
뜨거운 마음 담아
항해를 떠난다

하고픈 이야기

하고픈 이야기
쉼 없이 들려주네
수천수만의 이야기
철썩이며 철썩이며 하소연하네

바다는 침묵하고
파도만 쉬지 않고
해변에 하소연 쏟아놓네
갈매기 나 몰라라 날아가 버리는데
파도는 더 크게 떠들어 대네

조약돌 등 떠밀리며 듣고 있네
온몸 부서지도록

가슴에 잔 하나

브라운슈바이크* 시내
거리 카페에 앉아서 커피 한잔하다

거리 카페에는 사람들로 가득하다
세상 이야기가 골목 골목
연기로 피어오른다

반세기 전 소녀들의 이야기가
커피잔에 담긴다
흩어진 언어들이 돌아와
커피잔에 설탕 되어 녹는다

추억이 브라운슈바이크 거리에
뜀박질하니 흰머리 소녀는
달려 나간 언어 조각들을
주워서 가슴에 잔 하나 만든다

*브라운슈바이크(braunschweig): 독일 북부 지방 도시

운무

이웃 동네 갔던
그들은
저녁을 안고 한 발자욱씩
걸음 옮겨
큰 산이 있는 집으로
돌아가고 있다
운동장에서 축구를 하던
동네 아이들도
축구를 끝내고
집으로 가고 있다
소란하던 운동장이
조용해졌다
구름은 한 줄로 길게 행렬 이루며
큰 산 품에 안기고 있다

하루는 이렇게 가고 있다

어느 때 나도 주님 품으로
저렇게 안기고 싶다

너도밤나무 거리
—Kastanienalle*

너도밤나무 거리에는
붉은색 꽃망울이 하늘을 덮어
거리에 등불처럼 드리워져 있는데

반세기가 흐른 지금
54번가 자전거방은
그대로 너도밤나무와 함께
자리를 지키고 있네

전세기 타고
이곳에 온 소녀들은
눈 내린 너도밤나무를
쳐다보며
고향의 살구나무를
그리워했었지
50마르크를 병원에서
가불받은 돈으로
바스문드** 슈퍼마켓에서
봉지에 담긴 이태리 쌀 500g과 오렌지 한 봉지를 샀지
그리고 소녀들은 한방에 둘러앉아
밥을 해서 맛나게 먹었지

누룽지 물도 마시면서
고향을 먹고 있었지

그 소녀
하얀 머리 소녀 되어
세월을 돌아보고 있네

바스문드 슈퍼마켓은 아시아마켓으로 단장되어
고추만두, 비비고김치, 잎새주, 카스 한국제품 사이사이에
놓여서 손님 기다리고 앉아 있네
눈에 띄는 한글상표
수만 리 길 건너 너도 소풍 왔나

소녀들은 자전거를 타고
카스타니엔알레를 달려서
리닥스하우젠 호숫가까지
어머니를 만나듯
그 호숫가를 갔었지

세월은 가고
너도밤나무꽃은
여전히 5월이면 피어나는데
우리들 인생은
다시 피어나지 못하는구나

너도밤나무꽃이
나를 보고 웃네
잘 살아왔느냐고
손 내밀고 반기네

*카스타니엔알레(Kastanienalle): 브라운슈바이크 도시에 있는 거리
**바스문드(Wasmund): '무엇을 입으로'라는 뜻으로 슈퍼마켓 이름

알프스 고사우의 아침
—Gosau

산언덕에 구름이 전나무숲과
포옹을 나눈다
목조주택은 잠잠히 하늘 아래 누워있다
구름과 나무숲 포옹이 길다
슬금슬금 구름은 목조주택 지붕까지 내려와
아침 인사를 건넨다

푸른 초원이 일상의 피곤을 잠재우고
평화를 심어 준다
고요가 고사우 시골마을에
그리고 나그네의 마음에 앉아서
평화의 기도를 드리게 한다

초록 물빛이 걸어와서 내게 안긴다
산뜻함을 퍼담아 올린다

나 여기 있다고 닭이 한번 긴 목청을 울린다
고요를 흔든다
새들 노래가 시작된다
나도 오늘 노래를 부르기 시작한다

리닥스하우젠 1
—Riddagshausen

다시 널 만난다
언제나 그 자리에서
나무들을 키우고
오리 떼와 놀고 있는 너

호수에 비친 나의 모습이
변해있구나
검은 머리 소녀가 흰 머리 이고
구름을 부르고 있네

평화를 담아서
나를 위로하던 너는
지금도 나에게 평화를 건네주는구나

리닥스하우젠 2
―Riddagshausen

그리움의 물결 출렁인다
반세기 전 그 나무일까
아름드리나무 밑에 서 본다
어린 꼬마 영이가
내 손목 잡고 지는 해를
함께 보고 했던 곳

세월이 성큼성큼
걸어서 내 손 잡고
반세기 고개를 넘어왔네
그리고 해는
저편에서 다시 가자고 하네
호숫가 물결은
그리움 싣고
출렁이네

몬세라트 수도원
—Monasterio de Montserrat*

기도의 촛불이 꺼지지 않는
일천이백삼십오 미터 위
바위산 수도원
세상을 멀리하고 천년이 넘도록
이어져 온
기도의 향기

하나님 바라보며 올리는
간절함의 울림이
바위산에 투영되어
하늘을 향하여 팔을 벌린다

영험하다는 검은 성모상 발밑에는
순례자들의 입맞춤 기도

수천 년 이어져 온
기도는
인간들에게 욕심을 버리라 하고
자연과 합일하게 한다

순례자들은
가슴에 돌덩이 하나
내려놓고 간다

사이프러스 긴 나무
하나님께 향하는 갈구로
오늘도 키가 자란다

*스페인에 있는 수도원

아, 통일
—Dresden, Meißen, Magdeburg, Helmstadt

드레스덴
살아 있는 도시
예술의 도시
그곳은 33년 전에는
갈 수 없었던 장벽의 도시였다

드레스덴, 마이센, 막데부르크, 헬름슈타트를
한길로 달리면서
한길로 달릴 수 없었던 1970년대를
회상해 본다

헬름슈타트에 장승으로 버티고 있던
동과 서의 팻말
정지! 정지! 정지! 의 철조망
이제 탁 트인 동과 서는 한길 되었는데

남과 북 갈라진 우리네 땅은
언제 탁 트인 한길로 달릴 수 있을까

아, 통일
서울 파주 평양 개성
남과 북이 한길 되는 날
어서 올 수 있길
기도 올린다

*2023년 9월 22일 독일 드레스덴에서 볼프스부르크(Wolfsburg) 가는 길에서

드레스덴
—Dresden*

자유와 활기로
살아있는 도시
예술의 혼이 엘버강에
흘러간다

젊은이들은 선인들의 발자욱 따라
열정과 정신을 배우고
늙은이들은 옛 추억 더듬으며
햇볕 잘 드는 노상카페에 앉아
커피와 케이크, 와인, 맥주잔을
기울이며 긴 얘기들을 나눈다

고성길 따라
군상들의 행렬, 두세 사람, 혹은 여러 그룹들
여행자들로 도시는 분주하다

성모교회에서 기도 올리는 촛불들이
사뭇 경건함으로 타오르고
광장에는 살아있는 소리

루터의 동상이 함께 분주하다

*독일의 도시(옛 동독 땅)

맨도롱 또똣

우리나라 섬 제주도
한라산이 있고, 넓은 평원이 있고
돌담 옹기종기 있는 곳
길을 걸으면 기분이 따스해지는
맨도롱 또똣

간판 이름이 이쁘다
맨도롱 또똣
멋진녀석들
제주그리미
뽈살집
경희내망생이
혼자옵서예
소랑햄수다

자연과 합일되어
바다 위를 둥둥 헤엄친다
태평양으로 흐르는 물결
아득하여도
그곳이 멀지 않는 듯
가슴에 파도가 일렁인다

인류를 품어주는 곳
제주도이다
삶의 한 조각이
파도에 밀려간다

10월의 어느 날

간간이 흰 포말을 품고
달려오는 파도
지중해의 넓은 수평선
바다는
하늘과 포옹하고 있다
해변 모래길 위에
노부부 한 쌍이 서로의 손을
꼭 잡고 걷고 있다
서로를 의지하여 살아온 길
모래 위에 두 사람이 발자욱을 남긴다
그리고 그 발자욱을 파도가 와서 지운다

햇살이 바다를 붉게 물들이고 있다

돌멩이들의 합창

해변의 돌멩이들
파도에 씻겨
뭍에 오르며 소리 지른다

몸을 깎고 깎인
돌멩이들의 합창
해변에 그리운 울림을 퍼뜨린다

너의 울음소리
모래에 묻힌다

노르케이산
―Mt. Norquay*

전나무길 사이로
햇살 비추이고
눈은
하얀 세상 만들었다
산맥에 하얀 눈
구름길, 천상 선녀들의 길

눈을 털고 일어선 나무들
휜털 벗고
햇살과 입맞춤한다
바람이 쓰다듬어 놓은 구름
산인 듯, 구름인 듯, 하늘인 듯

그곳에
바람이 쉬어간다
때 묻지 않은 영혼들이
목욕한다

*캐나다 밴프(Banff) 지역에 있는 산

순천

하늘 닮은 사람들이
살아가는 곳
꽃 닮아 가는 사람들이
있는 곳
그들
한 송이 꽃 되어
순천의 향기를
품어 올리네

세월

세월은 녹슬지 않고
세월은 고장 나지도 않고
주님 창조하신 그 이후
쉼을 모르고 달리고 있습니다
세월 따라 가려니
때로는 숨이 찹니다

조금만 시간을 늦추어 주시면 안 될까요
가끔은 천천히 가고 싶답니다
당신 사랑도 그러하지요
처음부터 그대로
변하지 않는

바다는 알고 있다

동해의 푸른 바다
넓은 십 리 백사장길

백사장길 따라
엄마 심부름 갔던 여름날
백사장길 덥고 멀었네

태양이 뜨겁게 모래를 달구면
어린 소녀의 발바닥은 뜨거움으로
걸음 자욱 빨라야 했네

수영복 대여하던 가게는
알록달록 무늬로 태양 아래 춤추며
수영복이 수영을 하고 있었네

정겹게 어깨 맞대며 서 있던 그 가게들은
우뚝우뚝 큰 키로 탈바꿈하여
질서 정연히 사람들을 부르고
백사장 그 넓던 모랫길은
작게만 보이네

돌무더기 축항길은 물속에 잠기고
불 뿜어내는 제철공장이 서 있네

내 고향 송도해수욕장
송림은 여전히 길손들의 휴식터
변화되는 세월을 지켜보고 있네
반세기 훌쩍 넘어온 세월 뒤에서
삶이 길지 않음을

바다는
알고 있었네

사랑

사랑은
동그라미
끝맺음 없음이다

사랑은 둥글다
너와 내가
함께 원을 그린다
주는 것도 받은 것도
표나지 않는 것

그래 우리
동그라미를 그리자
사랑을 그리자

해맞이

해가 솟는다
수줍은 듯 조용히
혀를 내민다
바다색을 조금씩 붉게 물들인다

조용한 시작이
강력한 힘으로
불끈 솟아오른 해
바다도 따라 붉은색으로
뿌려져 빛 부신 한 길 놓는다

빛 부신 오늘 길 만든다

파도가 해 오는 길
박수 치며 맞이한다

환한 빛으로
오늘을 여는 해
희망과 장엄함을
세상에 뿌린다

2부

접시꽃

어깨동무 내 친구들은
허리 굽고
흰머리 이고 있는데
너희들
늘 예쁘구나
정답구나

접시꽃

울타리 밑에 우뚝 선
당신
옆집 골목길 고개 내밀고
바라보고 있네
긴 허리 곧게 세우고
분홍색 얼굴 내밀고 있네

너의 모습에
어깨동무하던
친구 얼굴 있네
어깨 나란히 하고
곧게 서서 골목길 바라보고 있는
너희들
늘 곱구나
어깨동무 내 친구들은
허리 굽고
흰머리 이고 있는데
너희들
늘 예쁘구나
정답구나

능소화

연둣빛 손 뻗어 하늘을 손짓하여 부르네
주홍빛으로 승화된 사랑
가슴에 담고

누군가에 기대어 피어나는 너

기꺼이 몸 받쳐주는 이에게
부드러운 미소 보낸다

홀로 뻗어갈 수 없는 너는
버팀목 없는
가난한 이의 모습!

등 기대고 올라가서
사랑을 고백하는 너의 용기
시든 모습 보이기 싫어
붉은 눈물 뚝뚝 떨어뜨리고
땅 위에 누워버린다

장미

온몸 가시로
적들을 몰아내고
의연히 우뚝 서
꽃을 피워내었다

유월은 그대 승리하는 달
달콤한 향기
이웃에게 전해주는
그대의 넉넉함
유월이 향기롭다

칠월

칠월은 생명이 푸른 계절
살찐 잎들이 종일 춤을 춘다

햇살은 바람을 데리고
산으로 들로 소풍을 다닌다

푸른 생명들이
하늘 한 모금 마시고
꿈을 꾼다

칠월은
넘실대며
온 누리에
푸른 열매 매단다

벚꽃 피다

따사한 햇볕이
생명을 데리고 왔습니다
꽃들이
방글방글 웃음 짓고
종일 하늘과 손잡고
있습니다

천사들의 큰 웃음소리
여기저기
수선떨며 발성연습
그리고 합창을 합니다

볼그레한 가슴 열고
꽃은
님을 만나고 있습니다

봄날이 행복합니다

사랑초

그 자리
한결같이 지키고 있는 너
가는 허리 세워
있는 듯 없는 듯
묵묵히 그 자리 떠나지 않고
곁에 서 있는 너
위로가 필요한 날
너는 보라색 꽃송이 피워
내게 건네주는구나

튤립꽃

순천만정원에 튤립이 무더기로 피었습니다
여기저기서 봄잔치를 펼치고 있습니다

꽃들은 추억을 지피고
꿈을 심어 주고 있습니다
내가 처음으로 그린 꽃은 튤립이었습니다
초등학교 1학년 때
하얀 도화지에
빨간색 튤립꽃을 심었습니다
어린이집도, 유치원도 없었던 시절

학교에 입학하여
가나다를 배우고
아야어여를 배우고
12가지 색 크레파스를 처음으로 사서
그림을 그렸던

그 튤립꽃은
그리움의 꽃이 되어
꽃들을 만나면
초등학교 때 그렸던 그 그림이
살아서 다시 피어납니다

함박웃음 가득 머금은
꽃들이
햇살과 입맞춤하며
봄을 노래합니다

미루나무

우리 집 앞마당에
미루나무 한 그루 있었지요
여름날
매미와 친구 되어
미루나무 가지에 걸터앉아
동화책을 읽었지요

시장 간 엄마가
장바구니 들고
들판길 걸어오시는 모습도
미루나무 가지에 앉으면
볼 수 있었지요

미루나무 아래에는
멍석에 누운 동생들이
도란도란 얘기를 하였지요

나는 콩쥐 팥쥐 이야기기를
읽으면서
눈물 흘리고 있었지요

팥쥐 엄마가 우리 엄마가 아닌 것에 감사하면서

엄마가 장에 갔다
오시는 모습 보고
얼른 나무에서 내려와
동생들과 함께
엄마께 달려갔어요

여름날 미루나무는
나의 가장 친한 친구였어요

달맞이꽃

달 보고 피어나는 너는
달을 닮았다
노란색
수수함
애달픔
이 닮았다

달맞이꽃은
늘
달을 보고 산다

달맞이꽃 만나려
달빛 따라
길 나선다

들국화

서쪽에서 불어온 바람이
나를 흔들어
깨운다

부스스 눈떠서 하늘 쳐다보니
청빛 맑음이 웃고 있다
나도 하늘 향해 두 발 벌려본다

지나는 길손이 나를 향해 웃음 지운다

진달래

화사한 분홍색 옷 입고
다소곳이
앉아서 임을 기다린다

산속에 몰래 숨어 온 너
겨울바람 몰아내고
일 년 만에 걸어서 온 길
숨 헐떡이며
분홍빛 마음 담아
가슴 두근대며
님을 기다린다

바람은 옆에서 널 흔드며
바삐 가야 한다고 서두르는데
님은 오실 기미 보이지 않고
봄 햇살은
서둘러 산길 타고 가고 있네

자작나무

긴 허리
우아한 자태로
초록 드레스
늘어뜨리고

이웃에게
다정한 손짓 보내니
나무들은 서로의
안부 전하며
따뜻한 마음을
쓸어담는다

숲골마다
바람 실어와
밀담 속삭이나
새들 외서 종알대며
소식 물어 나른다

자작나무 치맛자락 날리며
그냥 웃는다

구름과 산

구름과 산이 이중창을 연주하고 있다
구름이 산허리를 꼭 껴안고 있다
산 아래 마을은 잠잠히
목조주택을 따라 전나무들이
구름이 오는 것을 병사처럼 막고 있는데
닭 울음소리
아침을 울린다

새들의 노래

새들이 노래 부른다
아침 일찍 찾아와서
이중창을 부른다
삐삐삐
짹짹짹
우우우
독일어로 부르나
영어로 부르나
만국어로 부르나 보다
독일인 제부가 새들 노래 알아듣는다

어느 성탄 이브날
착한 아이에게 산타할아버지 선물 준대
독일인 친구 아들이 물었다
엄마 산타할아버지는 독일어로 말해?

만국어의 노랫소리
햇살 아래서 맑게 울려 퍼진다

풀꽃

눈여겨 살펴주는 이 없어도
홀로 피어나는 너

씩씩하다

작은 소리로
안녕을 전하는 너!

무심한 발걸음에도
종일
웃고 서 있다

산

산은 흔들림 없이
그 자리에
말없이 우뚝 서 있다
비바람 불어도
천둥이 쳐도
펑펑 눈 쏟아져도
꿈쩍도 하지 않고
말없이 서 있다

드디어 나무들이
그의 등을 타고
잎을 피우고
새들이 와서
노래 부르기 시작할 때
푸르른 등 내밀고

괜찮지 하고
하늘 보고 팔을 저어 본다

봄날

긴 잠에서 깨어
고개 내밀어 보는 새싹들

엎드려 긴 날
고개 숙이고 있었네
죽은 듯 꼼짝 않더니
따스한 햇볕 오니
반가워 고개 들고
인사 전하네

웅크리고 있던
내 안도
밖으로 나가고 싶어
걸음 옮기게 하고
심연에 바람 불어
바람결 따라
길 나서려 하네

따스한 햇살 손잡고
꽃 한 송이
피우고 싶어라

벚꽃이 지고 있다

벚꽃이 지고 있다
하얀 눈 되어 지고 있다
세월이 벚꽃 되어 지고 있다
인생도 이렇게 가고 있다

꽃잎

강변에 꽃잎 지는 소리
보이네

떨어지는 꽃잎들
바람이 데리고 가네

저 꽃잎들 어디로
데려가는가

강변에 꽃잎들
강물 따라 같이 흐르고 있네
인생도 강물 따라 흐르고 있네
세월이 그렇게 흐르고 있네

바람은 나를 어디로
데려가는가

봄

연두 잎새 고웁다
아장아장 걷는 아기 걸음마같이
희망 안고 달려온다

봄은 기쁨이다
봄은 생명이다
봄은 잉태의 계절이다

연두 잎새 세상 커튼 열고
얼굴 내민다
여리고 환한 어린 잎새들
내 안도 밀치고 들어온다
세상이 연둣잎으로
희망으로
서 있길
두 손 모아 기도 올린다

찔레꽃

오월의 새벽 바람이
하얀 면사포 쓴 신부를
데리고 왔습니다
신부 대기실에서
다소곳이 신랑을 가디리고 있는
그대
뻐꾹새 그대를 호위하고
노래를 부릅니다

하얀 면사포가
바람에 너울거리고
햇살 그대를 감싸니
오월의 신부는
겸손한 향기를 날립니다

그리고 오월 내내
그 자리에서 신랑을
기다립니다

뻐꾹새 소리

심혼을 깨우는 소리
태곳적 그리움을
불러낸다
아득한 푸른 시간을
불러낸다

유년의 친구들과
분홍치마 입은 어머니를
불러낸다

알 수 없는 슬픔과
아련한 아픔과
만날 수 없었던 그가
저 끝에서 내게로
걸어온다

봄님 오는 소리

잎들이 긴 잠에서 깨어
부스스 일어나는 소리

대지가
멀리서 오는
봄님 맞을 준비를
서두른다

침묵 속에 있던
풀들이 나무들이
옷 입을 채비를 한다

바람이 봄을 데리고
오는 길목에
키 큰 전나무
발돋움하고
봄님 마중 나선다

소낙비

비가 내린다
천둥을 데리고 온 비는
사람들을 집안으로 내쫓고
기세롭게 대지와 나무들과
싸움을 벌인다
집들은 숨죽이고
가만히 지켜본다
불 하나 밝혀서
빠끔히 내다본다

길 위에 선 사람들을 내쫓고
천둥 몰고 온 비는
큰소리 내며
속마음 호소한다
나는 평화를 원한다
나는 싸움을 원하지 않는다
그냥 너희들의 목마름을 식혀 주고 싶은 거야

조금씩 목소리 줄여가는 비
천둥의 지원군을 물러가게 한다

파도

파도가 해변과 입맞춤을 한다
세상 끝 돌아서 온 길
반갑다고 뜨거운 포옹
손 맞잡고 그리움 토한다

해변은 파도를 안고
온몸으로 회포를 푼다
그리움과 반가움이
처얼썩 소리 내며
세상을 울린다

3부

그리하실지라도

내 안에 돌조각들이 날아와 심장을 후벼파도
나는 당신을 의지하여 숨을 쉬겠습니다

막 꽃피운 꽃망울들을 누군가가 잘라버려도
나는 다시 꽃을 피우겠습니다

그리하실지라도

내 안에 밀려드는 파도의 거친 숨결
그것이 나를 덮쳐도
나는 당신을 의지하며 숨을 쉬겠습니다

내 안에 돌조각들이 날아와 심장을 후벼파도
나는 당신을 의지하여 숨을 쉬겠습니다

막 꽃피운 꽃망울들을 누군가가 잘라버려도
나는 다시 꽃을 피우겠습니다

욥은 재산, 자녀들, 부인을 잃어버리고
자신의 몸마저 망가져 버렸음에도
당신을 떠나지 아니하였습니다
그 신실한 믿음으로
당신의 곁에 남아 있고 싶습니다

아침

숲에는 새들이
노래 부른다
고요한 아침
바람도 잠잠한데
뒤뜰에 심어진 호박잎이
아침 인사한다

사람 사는 집들은 문을 열 줄 모르고
아직도 잠에 빠져 있는데
아침이 창을 두드리고
일어나라고 재촉한다

이 하루가 축복이게 히소서
살아있는 모든 생명들이
춤추게 하소서
아침의 고요가
저녁의 평화가
되게 하소서

맥주감사절에

주님
뜨거운 햇살 주심을 감사드립니다
햇살 속에
나무들이 큰 숨을 쉬며
나날이 자기 분신을
저토록 푸르게 달게 하심을 감사합니다
맑은 공기 주셔서
숨 쉴 수 있게 하심을 감사합니다
꽃들을 볼 수 있게 하시고
꽃들의 향기를 맡을 수 있게 하시니 감사합니다
두 발로 걸어서
가고 싶은 곳 어디든
갈 수 있게 하심을 감사합니다

주님
마음 나눌 수 있는 벗들이
있음을 감사합니다
서로를 섬길 수 있는
이웃이 있음을 감사합니다

보리, 밀, 옥수수, 감자 추수하게 하시어
당신 제단에 올려드릴 수 있음을
감사합니다

주님,
늘 감사한 마음 주심을 감사드립니다

이런 마음 늘 지니게 해주십시오
행여나 욕심부리지 않게 하시고
행여나 이웃에게
따뜻한 미소 건네는 것을
잊어버리지 않게 해 주십시오
감성이 문 닫지 않도록 해 주시어서
아침 햇살에 반짝이는 이슬을 보고
신비함을 늘 느끼게 해주소서

별빛

별빛 찬란한 그믐밤
동방의 박사들
아기 예수 경배코자 길을 떠나네
어둠 길 더듬으며 가는 길
멀고 험한 길
별빛 하나 박사들 가는 길 인도하네

환한 별빛 줄기 따라
아기 예수 있는 곳 찾았네
가지고 온 예물 아기 예수께 드렸네
그 밤
별빛은
아기 예수 있는 곳 지키고 있었네

주여
그믐 같은 이 세상
우리로 하여금
한 줄기 별빛 되어
선한 길 인도하는 자 되게 하소서
전쟁과 다툼 있는 곳에
화해의 별로 떠있게 하소서

동방박사들을 인도했던
그 별빛으로 비추게 하소서

부활절

무덤 열리고
환한 빛으로 걸어오시는 이
죽음 이기고
오시는 이
하늘이 기뻐하며 외치네
세상을 깨우네

절망을 흔들어
소망을 세웠네

무덤들아
깨어라
내 안의 절망이 죽고
소망이 부활하여라

환희가 물결치며
무덤을 열게 하고
기쁨이 용솟음쳐
푸른 새싹 띄우네

예수 그리스도
승리하셨도다
부활 소망 영원하도다

기도

주님
오늘도 잠에서 깨어나게 하시고
하루를 열게 해주심을
감사드리나이다

신선한 바람 불게 하시고
맑은 하늘 주심을
감사드리나이다

걸어 다닐 수 있고
푸른 잎들과 눈 맞춤할 수 있게 하심을
감사드리나이다

뛰는 심장을 주셨으니
어디서든
당신의 향기를
느끼며 당신을
노래하게 해 주소서

새소리 귀 기울여
듣게 하시고
만나는 이웃들에게
따뜻한 미소 건넬 수 있게
해 주소서

주님
오늘 당신과 함께
하루를 손잡고
만지고 보고 듣고 걸으며
빛난 날 되게 해 주소서

가슴 뛰는 삶

하루를
가슴 두근거리며
기대하는 삶으로
이끌어 주소서

밀려오는 시간을
밀어가는 삶으로
이끌어 주소서
이웃을
뜨거운 가슴으로
사랑하게 하시어
뜨거운 삶으로
이끌어 주소서

가슴에 사랑의 불씨 꺼지지
않게 하시어
시간마다
충만으로 이끌어 주소서

이 세상 안에서
주께서 창조하신 모든 것에
의미를 부여하며
경이로움을 느끼게 하시고
신선한 감각을 맛보게 하소서

창조주 하나님을
찬양합니다

바벨탑

하늘만큼 높아지고파서
하늘 가까운 탑을
쌓기 시작한 사람들
욕심이
언어를 흩어지게 하였네
의사소통되지 않아
탑이 무너지네
욕심이 무너지네

욕심이
언어의 혼돈을 가져와
사람들은 그들만의 의사소통을 배우네
복잡해져 버린 세상은
다른 언어로
다른 욕심을 잉태하기 시작하였네

주님께로 향하는 언어는 하나
할렐루야 아멘
인생들이여
이제 바벨탑을 쌓지 말지니
탑은 늘 무너져 내리더라

인생들아
주님만을 찬양하고
경배할지어다

한 언어로
할렐루야 아멘

여행자의 기도

주님
나의 발길 인도하시어
당신께서 만드신
세상 보게 하심을 감사합니다

바다와
산들과
새들을 지으신 주님

구름이 몰려와서
그림을 그립니다
바람이 불어와
나의 살갗을 만지고
나뭇가지 끝에 머뭅니다

바다는 파도를 앞세워 합창을 합니다

주님
당신 만드신
세상을 걸어 다니게 하심을
감사합니다

느끼게 하시고
만지게 하시고
보게 하시고
입술을 열어
당신을 찬미하게 하심을

오늘도 길을 갑니다
들꽃 피어서
손 들어 인사합니다

사람들이
당신 지으신 세상을 보고
노래 부르게 하소서
'왜?'라고 하지 말고
'아하!'라고 하게 하소서

길손들이
한 송이 들꽃 보고
그 신비에
아름다움에
향기에
감탄하게 하소서

그리고
당신을 찬미하게 하소서

전도서

해 아래 새것은 없도다
해 아래 모든 것은 헛되도다
해 아래 사는 인생들
해 지고 나면
모든 것은 지나가 버린다
삶도 노래도 희락도 슬픔도
권세도 명예도 시기도 질투도

그러니
해 지기 전에
선을 행하고
웃음을 이웃에게 전하고
들꽃 향기 맡으며
그렇게 살지니
해 아래에 새것은 없으니

가브리엘 천사

가브리엘 천사가 사가랴에게
기쁜 소식 전하였다
자식 기다리던 이들에게
아이가 올 것이라고

가브리엘 천사가 마리아에게
소식을 전하였다
세상을 구원할 아이를
잉태할 것이라고

가브리엘 천사는 인류에게
전하였다
예수를 믿으면 구원을 받을 것이라고
기쁜 소식 세상에 퍼진다

오늘 들려온 반가운 소식
물 없어 목마른 대지에
비 내린다는
채소밭이 기뻐하며 바람결에 춤춘다

강남 갔던 제비는
반가운 소식 물고 온다는데

가브리엘 천사 오늘
어떤 소식을 전하려나

4월의 노래

새순이 움텄습니다
희뿌연 한 돌담길 어귀에
죽어있던 쑥이
대지를 뚫고 올라와 있습니다
앙상히 마른 진달래에
발그레한 꽃망울이 맺혔습니다

아, 4월의 생명들이
소리치기 시작했습니다
죽음을 이기신
예수님이 무덤을 열고
나오셨습니다

죽음을 이긴 생명들이 일제히
환호합니다
4월을 노래합니다

환희가 온 누리에 가득합니다
새 생명을 잉태한 봄은
무덤의 문을 활짝 엽니다

할렐루야

일어나 갑시다

해가 솟았습니다
일어나 갑시다
밝고 환한 곳으로
어둠이 가고
빛이 온 누리에 가득합니다

내 혼아
일어나라
무거움 벗고
햇살 환한 그곳으로
걸어가자

일어나라
피곤타 말고
힘차게 걸어가자
삶의 무게 무겁다지만
햇살 동행하니
가볍지 않느냐

얼른 일어나서
걸어가자
저 햇살 있는 곳으로

성전 꽃꽂이

주님
당신 제단에
상 차립니다
화사한 분홍색 장미 한 그릇
고봉으로 담고
흰색 조팝꽃 곁들어 담았습니다
주님 받으소서
오월에 올리는 제단 위의 상
장미가 향을 피웁니다

교회당 너머에
뻐꾹새 소리
당신을 향해 드리는 간절한 기도소리
장미 향 위에 앉아서
당신께 손 모읍니다

저녁 단상

새들은 나무 끝에서 재잘거리고
구름은 하늘을 하얗게 색칠하고 있다
교회 종탑이 우뚝 서 있는
바트 푸싱의 휴양도시
해가 조금씩 자기 집으로
돌아가려고 서두르고 있는데
해와 동행하던 사람들도
이제 하루를 마무리하려
길 위에서 걸음 서두른다

오늘 어떤 하루였나
세월의 한 모퉁이에서
마음을 쉬고 있다
구름 아래 교회 종탑이
위로를 건네준다

4부

편지

하얀 종이 위에
그리움 가득 담아
잘 있느냐고
펜 끝에 진심 담아서
글을 쓴다

편지

사각 사각 펜 소리
하얀 백지 위에 그려지는 마음

친구의 얼굴이 웃으며 내게로 달려오고
나는 하얀 종이 위에
그리움 가득 담아
잘 있느냐고
펜 끝에 진심 담아
글을 쓴다

멀리서
자전거 타고 오시는 우체부 아저씨
친구의 안부를 들고 오셨다

침묵

고요로움
사람도 숲도 말이 없다
새들도 노래 부르지 않는다

내면에
숨죽인 정숙이 깔린다

나는 한점 푸른 잎 되어
나무 뒤에 숨는다

서로에게 꽃 되어

너와 내가 하나 되는 날
너는 내가 되고 나는 너가 되는 날
동터오는 새날을 우리 만나리
사랑의 둥근 해가 떠오르네

새날을 맞이하는
그대들을 축복하오
어여쁜 신랑과 신부여
서로에게 기둥 되고
햇살 되며
서로에게 꽃 되어
날마다
사랑 향기
피워올리소서

오늘 심은 사랑나무
날마다
살뜰히 가꾸어
무성한 잎 피워내고
열매 알알이 맺혀가게 하소서!

어느 날 비바람 몰아치면
희망 함께 바라보며
믿음의 기도 드려
마침내, 환한 햇살
그대들 손 맞잡고
맞이하게 하소서

어여쁜 신랑과 신부여
아름다운 사랑꽃
둘이 하나 되어
날마다 피우소서!

*조카 결혼 축시

저녁

여기까지 온 길
주님이 수고했다고
등 토닥거려 주시네
지는 노을이
빙그레 웃음 짓고 있네

밥 한번 먹음세

친구여
우리 밥 한번 먹음세
아무 때나
보글보글 끓는 된장찌개 앞에 놓고
우리 서로 마주 보면서
밥 한번 먹음세

잡아도 잡히지 않는 세월
우리의 마음은 밥이 되고
우리의 세월은 된장찌개 되었네
더 이상 세월을 잡지 말고
우리 그냥 마주 보면서
밥 한번 먹음세

코로나 격리

세상과의 단절
날숨이 조심스러워
한편으로 몰아내고
들숨 훔친다

내가 가는 곳 세균이 나올까
조심 조심

바람 만나
비밀 데이트를 한다

나무들 만나니
행여 옷에 박테리아 묻었을까
옷을 흔든다

코로나가
세상과의 단절을 선포하고
나를 꼭꼭 묶어 버렸다

아, 갇혀서 지내는 자들의
눈물을
아픔을 위해 기도 올린다

진정한 자유함이 무엇인지
비로소 깨닫는 시간들

하루해가 길다

휴식

일상을 멈춤하고
몸을 호강시킨다
멋진 상을 받고
따뜻한 온천물에
몸을 담그고
시간을 보낸다

생각을 멈춤하고
육신은 둥둥 하늘을 걸어간다

깨끗이 단장한
육신에
영혼을 담그리

한 박자 느림표

한 박자 느린 템포
여유를 담으니
햇살이 동행하네

천천히
고른 숨결
세월이 동행하네

하늘로 뻗은 나무들이
구름과 입맞춤하고
한 박자 느린 삶이
분쟁을 잠재운다

여유로움표가
박자표 위에 내림표(b)를 그리니
새들이 와서 오래도록 합창한다

그림자

키 높이만큼
비추이는 너
살아온 만큼
흔적을 남기는 너

때 묻음 덜어내고
자취를 남기네
그만큼

비 내리는 날

비가 내린다
가슴에도 줄줄이 비가 내린다

슬픔을 머금은
하늘이
눈물을 뿌려댄다

손수건으로 닦을 수 없도록
그렇게 한없이 눈물을 뿌린다

땅이 젖고
하늘이 젖고
마음이 젖는다

시원히 울어대는 하늘을
위로하지 못하고
함께 눈물 흘린다

어머니

가신다는 말씀도 없이
당신은 그렇게 홀로
먼-길 떠나셨습니까?

무서워서 혼자 어찌 사느냐고
그렇게 말씀하시더니
무서워서 혼자 어찌
그리 훌훌 떠나셨습니까

어머니
당신 홀로 떠나는 길
외롭지 않더이까
무섭지 않더이까

종종걸음 하시면서
오가는 길에
당신이 웃으며 서 계십니다

내 나이가 어때서
사랑에 나이가 있나요
맑은 소리로 노래 부르시던 당신
삼다도야 제주에는 라고
노래 부르시던
당신 소리 들립니다

어머니
어머니

한 걸음씩 기쁨 안고

동생아
세상길 걸어서
어느덧 여기까지 왔구나
걸음의 자욱
깊게 파일 때도 있었고
보일 듯 말 듯
그렇게 지나올 때도
있었지

어릴 적 손 잡고
십 리 길 초등학교 함께 가며
오가는 길에서 밀사리도 하고
삐삐도 따서 먹고
언 손 함께 녹이며
그 먼 십 리 길을 육 년이나 다녔지

너는
방송국 어린이 합창단에 선발되어
십 리 길을
방송국 녹화하러 너의 친구 이쯀쯀과
다녔지

이쫄쫄 석가모니 어디를 가느냐
깡충깡충 뛰어서 방송국 가느냐
라고 너의 친구들이 놀렸댔지
너의 단짝 친구 이쫄쫄은 지금 무얼 할까

초등학교 1학년 때
트럭에 치여서
머리를 몇 바늘이나 꿰매고
붕대로 머리 싸매고
친구와 함께 성탄절 무대에 서서
무용을 했었지
그 친구도 너처럼 머리에
수건을 동여매고
"기쁜 성탄절 성탄절"
유희하며 노래했었지
삶을 유희하며
여기까지 왔구나

널 보는 사람들이
널 배꽃 같다고 했지
청초하고 우아한 하얀 배꽃
이제 꽃이 영글어 열매를 맺어가는구나
우아한 자태로 익어가는구나

귀엽고 사랑스러웠던 내 동생아

우리는 늘 친구처럼
삶의 길을 걸어왔지
우리가 가는 길에
주님 계셨기에
세상길 씩씩하게 걸어올 수 있었다

남은길도 헉헉대지 말고
숨 가쁘게도 말고
한 걸음씩 기쁨 담고
걸어갈 수 있길
우리 주님 너의 손 잡고
그렇게 걸어갈 수 있길

내 동생아
남은길
부디 행복이길

기도 올린다

*고희를 맞이한 동생에게

영원에의 길

시간과 마주하고 있다
나의 숨소리가 들린다
고요로움 속에
숨죽이며 나를 본다
나는 시간을 이기지 못한다

그리고
조금씩 영원에의 길을 가고 있다
이 땅 위에서

오늘도

솟아오르는 태양
불끈 힘주어
찬란한 아침을 연다

평강 담은
감격스런 날이
되길
아침의 서막에 기도를 붙인다

밤

어둠 속의 고요
도시도
짐승도
잠든 밤
간간이 비치는 불빛은
잠시
고요를 흔들어 본다

깨어있는 혼이
적막을 느끼며
나를 마주한다

나는 시간 속에서
밤 속에서
항해를 하고 있다
밤은
이제 새벽을 부르고 있다

들숨 날숨

신선한 공기를 들이마신다
풀잎 내음이 내 안으로 들어온다

걸러진 찌꺼기가 내 밖으로 나간다
들숨과 날숨이 규칙을 지키며
균형을 이룬다

먹는 것
배설이
조화를 이루며
육신을 건강하게 지키고 있다

들어오는 것 나가는 것이
조화를 이루어
삶의 건강함 지켜낸다

들숨과 날숨
게으르지 않아
건강함을 유지한다

조화가 깨어질 때
삐걱이는 소리 있다

느리게 가자

급하게 달려가면
하얀 길 만 보인다
천천히 가자
가면서 꽃들,
향기, 바람 만나면서

가는 길
이웃과 손도 잡아보고
풀들과 도란도란 얘기도 하면서
천천히 가자

가쁘게 달려가는
인생길
종착역에 이르니 빈터만 썰렁하다
향기 풀꽃들 어디 있으려나

앞만 보고 달려가지 말자
주위를 살피며 천천히 가자

가는 길에 향기
나무, 꽃들, 풀들과
다정한 인사 나누며
그렇게 천천히 가자

소풍 가는 날

띨거덕 딸가닥
부엌에서 도마소리
친구가 김밥 재료를 만드는 소리
김밥 싸서 오늘 북해(Buesum)로
소풍 가기로 한 날

엄마가 부엌에서
김밥 싸는 소리
초등생 학교 소풍 가는 날
이불속에 누워서
비가 오지 않길 기도했었지

오늘 하늘이 참 맑다
침대에 누워서
창밖 하늘 보며
함부르크 친구 집
아침을 맞이한다

엄마의 사랑을 배낭에 넣고
소풍 갔던 날
하늘 맑음에 풍선 같은 마음 담아

오늘 소풍에도 김밥과 맑은 하늘
도시락에 담는다
햇살이 동행하려 채비를
서두른다

그렇게

가난하고
순수했던
어린 우리들
교회당 마룻바닥에
뻥튀기 한가득 풀어놓고
밤늦도록 진심 담아 이야기 나누며
열심하고
진지했던 어린 친구들아
이제 허연 머리 이고
세월 묻고
마주했구나
열심히 건너온 세월들
돌아보며
우리는 허허 하고 진심 담아 웃는다
너의 웃음 분반 공부시간에
요절(要節) 다 못 외어서 멋쩍어 웃던 모습

이제는 자녀 자랑 아닌
손자손녀 자랑
손자손녀보다 더 어렸던 우리들이
세월에 밀려서 이렇게 마주하고 있구나
일터에서 은퇴하고
건강한 그 모습으로 있다는
그것만으로도 주님께 감사 기도드린다
친구들아
사는 날 동안 우리 그렇게
주님과 손잡고
함께 가자구나

우리 가난하고
순수했던 어린 시절 안에서
변하지 아니하고
그렇게

우리

우리 딸
우리 남편
우리 교회
우리 동네
우리 나라
우리라는 단어
든든하다

내 딸
내 남편
내 나라
나는 홀로 세상을 걷는다
외국에서 말을 할 때
내가 강조되나
우리 나라말은 우리가
강조된다

우리라는 말
참 정겹다
나라는 말
참 쓸쓸하다

산다는 것은

산다는 것은
따뜻한 체온을 나누는 것이다
너의 온기와 나의 온기가
하나 되어 사랑을 이루는 것이다

산다는 것은
밥을 나누는 것이다
숟가락을 움직이며
너의 심장 소리를 듣는 것이다
산다는 것은
맑은 하늘이 파랗게 떠 있는
이유를 아는 것이다

산다는 것은
너와 나의 나눔이다
네가 있음을 내가 느끼는 것이다

강마을 이야기

석정삼 지음

발행처	도서출판 청어
발행인	이영철
영업	이동호
홍보	천성래
기획	육재섭
편집	이설빈
디자인	이수빈 ǀ 구유림
제작이사	공병한
인쇄	두리터

등록 1999년 5월 3일
      (제321-3210000251001999000063호)

1판 1쇄 발행 2025년 8월 10일

주소   서울특별시 서초구 남부순환로 364길 8-15 동일빌딩 2층
대표전화 02-586-0477
팩시밀리 0303-0942-0478
홈페이지 www.chungeobook.com
E-mail   ppi20@hanmail.net

ISBN   979-11-6855-363-7(03810)

본 시집의 구성 및 맞춤법, 띄어쓰기는 작가의 의도에 따랐습니다.
이 책의 저작권은 저자와 도서출판 청어에 있습니다.
무단 전재 및 복제를 금합니다.